Bilder der Stille, Worte der Besinnung

Texte von Rudolf Lippert

Laterna magica

Raum und Zeit —
Sie binden den Menschen
Mit ehernen Ketten
Und schaffen Gesetze
Für Leben und Tod.

Der Geist weht und wirbelt,
Verdichtet zu Wolken —
Zum Dasein —
Und löst es.
Ein ewig Gebot.

Die Stunden der Feste,
Sie schwinden in Freude,
Beglücken uns heute,
Sind morgen Erinnern —
Verströmen — vergehn.

So eilen die Jahre,
So hundert wie eines.
Für Großes und Kleines
in Gott nur alleine
Ist ewig' Bestehn.

*In dieser Zeit
der Maßlosigkeit,
der Betriebsamkeit,
des Geschwätzes,
der Achtlosigkeit,
mißverstandener Freiheit,
der Lust,
der Lieblosigkeit
bedarf der Mensch der Stille,
der Besinnung,
des Schweigens —.*

*Licht ist —
auch wenn Nacht sich über uns breitet,
Dunkelheit uns einhüllt.
Der Tag kommt,
kommt immer wieder,
grüßt uns,
die wir Kinder des Lichtes sind.*

*Reife —
zu der der Weg führt
durch Sonne und Regen —,
durch manche Gefahr —.
Jetzt beugt sich die Ähre vor dem,
was über ihr ist —
Himmel.*

Wald —
Schirm — Schutz —
Spender dessen,
was Wesen brauchen,
die aus dem Atem leben.
Licht durchflutet dich.
Licht erleuchtet die Menschen.

*Wasser —
aus Quellen —
durch Bäche —
durch Flüsse —
zum Meer —
als Regen —
zu Quellen —
ein ewiger Kreislauf —
das Leben.*

*Die ganze Welt würde sich verwandeln, —
Nebel würden sich lösen, —
Licht würde erstrahlen,
wenn drei Tugenden
unser Handeln bestimmten:
das Streben zum Wahren,
zum Guten,
zum Schönen.
Streit und Kummer wären vorbei.
Friede würde zu Wirklichkeit.
Licht würde den Nebel durchdringen.*

*Tag und Nacht vom Lichte trunken,
Junge Blumen überall.
Lerchen jubeln. Glückversunken
Lockt im Wald die Nachtigal.*

*Golden sind hier alle Blüten,
Leuchten hier der Sonne gleich.
Glücklich stimmt uns dieser Anblick.
Ja, er macht uns froh, ganz reich.*

Auch Stein kann Nahrung geben.
Auch Steine haben eig'nes Leben.
Sie nehmen, spenden; nur die Zeit,
Sie hat für alles Sein ein eignes Kleid.

Aus Steinen wachsen Pflanzen, blühn
In schönsten Farben vor des Ufers Grün.
Ob Pflanze, Tier, ob Stein, sie sind aus Gottes Hand.
Drum achte, liebe sie! Er gab sie uns als Pfand.

Die Zeit steht still —.
Ich strahle —.
Licht in der Dunkelheit'—.
Geist, verdichteter Atem Gottes —.
Das bin ich —.
Ich bin Ich.

Kraft aus der Tiefe
bricht hervor,
geballt,
steigt hoch.
Fang sie ein, Natur —,
lenke sie,
daß sie sich löse!

Vögel leben eng in Scharen,
Wenn der Nebel bricht herein.
Wenn sie auf die Sonne harren,
Wolln sie nicht mehr sein allein.

Einer tröstet sich am andern.
Jeder weiß: jetzt brauch ich dich.
Eng steh'n sie jetzt zueinander:
Ich für dich, und du für mich.

*Auch in der Dunkelheit
leuchtet ein Licht,
Licht der Hoffnung?
Licht ewigen Seins?
Ob es verblaßt?
Ob es Nacht wird?
Ob Tag kommt?
Sonne leuchtet auf,
diesseits des Waldes,
jenseits des Waldes —.
Es leuchtet —
ewig.*

Aus der Not der dunklen Tage,
Aus dem Leid, aus Müh' und Pein,
Kann nur Christ', — und der ist Liebe,
Einzig die Verheißung sein.

Saint Michel —
Kein Meer trennt von deinem Heiligtum.
Unser Zeitalter steht unter deinem Zeichen,
unter deinem Schutz,
heiliger Erzengel
Michael.

*Seine Krone träumt in den
ewigen Himmel,
der schön ist
im Frühling —
im Sommer —
im Herbst —
im Winter.*

*Konzentration,
diese Sammlung auf einen Mittelpunkt,
ist eine große Möglichkeit,
uns geistig und leiblich zu fördern.*

*Winter —
Nässe gefriert
zu Schnee — zu Eis.
Pflanzen beugen ihre Köpfe.
Sie schlummern,
sie warten
auf das, was der Horizont kündet:
Licht —
Sonne —
Wärme —
Liebe.*

Was ist Sehnsucht, wenn die Tropfen
Deines Lebens müd verrinnen,
Auf den tauben Stein immer gleiche Rhythmen klopfen,
Ihn nicht höhlen, wie die Öde deine Sinne.

Was ist Sehnsucht, — wenn du krank,
Selbst zum Wollen keinen Willen,
Grämlich haderst; keinen Dank,
Schicksals Recht vermißt im Stillen.

Was ist Sehnsucht, — wenn dein Wachen
Und dein Träumen Bilder gaukelt,
Bilder, die die Brust zerbersten,
Bilder, die zum Himmel lodern —,
Dich in ihrer Brunst verzehren —,
Deinen Schmerz und deine Wünsche
Unaufhörlich, stetig nähren —.

Wahnsinn! Weicht Gestalten,
Die mit süßem Mund mich locken!
Sehnsucht — kannst du mich halten?!
Quäle nicht!
Quäle! fühlst du meine Pulse stocken!

Schnee umhüllet Wald und Fluren.
Flocken tanzen durch die Nacht.
Einsam in dem kleinen Dörfchen
Kommt man zueinander sacht,

Trotzt den kalten Winternächten,
Sitzt am wärmenden Kamin
Und erzählt von alten Zeiten.
Herzen zieht's zu Herzen hin.

*Golden — der Sonne gleich
brechen sie hervor —
die Blüten —,
schütteln den Winter ab,
verkünden den Frühling.*

*Vollendete Harmonie —
Du drängst empor,
Breitest sie aus, deine Blätter,
Nimmst sie auf, die Sonne,
Deren Strahlen um dich
Sich spiegeln — wie in Diamanten.
Dein Anblick wärmt,
Beglückt.
So laß die Welt uns sehen,
So laßt auch uns die Welt beglücken!*

Ausgleich gegen die Hetze der Zeit —
Das Gleiten im Wasser —
Das Erleben des Grüns der Natur —.
Wer es erkennt, beglückt sich und andere,
Denn Erkenntnis allein schon
Bringt Licht in die Welt, Wärme, Sonne.

Leuchtende Kraft und Tiefe,
Die das Dunkel durchbricht.
Hoffnung —
Erlösende Freude,
Die zum Blau des Himmels strebt.
Befreiung —,
Die Freude bringt.
Leuchtende Kraft!

*Weit und hell und blau
der Himmel über mir.
Am Horizont die Sonne —,
Bote ewigen Lebens.
Ein heller Streifen über mir,
der Menschen miteinander verbindet.*

Es friert in den Herbst
Der Baum, der die roten Blätter von sich warf.
Sie breiten sich, ein dunkler, roter Teppich,
Um seinen Fuß.

Er schmückte den Frühling mit rosiger Blütenfülle.
Sie blieben ohne Frucht, einen Sommer lang.

Junge Sprossen aus seinen Wurzeln,
Die an seinem Stamm emporstrebten,
Unter den breiten, schützenden Wipfel,
Schnitt man ab und pflanzte sie weit weg.

Seine Krone träumt in den ewigen Himmel,
Der schön ist,
Im Frühling — im Sommer — im Herbst.

Sie breiten sich um seinen Fuß dunkel und rot,
Die Blätter, die er von sich warf.
Die jungen Sprossen aus seiner Wurzel sind für immer
Weit weg und fern.

Hinter dem Zaun friert er in den Herbst,
Der Baum, der die roten Blätter von sich warf.

Grenzenlos schön ist dieses Wunderwerk der Natur.
Jeder Halm, jede Blüte, die Farben,
harmonischer Einklang!
Dieser Anblick läßt den Tag zum Sonnentag werden.
Ein Symbol für Liebe, Bewußtseinslicht, Schönheit,
die uns Strahlkraft schenken, die die Umwelt beglücken.
Freude, Licht in unsere Welt bringt.
Befreie dich von eitlen Wünschen!
Nichts wünschen, nichts wollen!
Liebe leben!
Du wirst Strahlkraft gewinnen —,
Schönheit —,
deine Umwelt beglücken.

Im späten Alter zählt man nicht mehr die Jahre.
Man hastet nicht mehr durchs Getrieb der Zeit.
Man nimmt des Herbstes glasklare
Himmel wahr, blickt übers bunte Land, so weit, so weit,

Zählt nicht die Gipfel, Täler, sieht sie nur —,
Umschließt das Leben mit umfassender Gebärde.
Und sinnend sucht das Auge, wo Natur
Den Himmel streift und staunt:
Ich war — ich bin — ich werde.

Bäume, die aus dem Wasser ragen,
Pflanzen, die gleich Inseln auf dem Wasser schweben,
sie bohren ihre Wurzeln tief bis zum Grund,
dem sie Kraft, Leben entnehmen.
Oberfläche allein läßt verkümmern.
Auch der Mensch muß zum Urgrund des Seins streben, zu Gott
aus dem er Kraft gewinnt, Kraft zum geistigen Wachstum,
das ihn dann Gott als ewiges Licht erleben läßt.

Behutsam legt ein Schatten
Sich übers weite Land,
Zu segnen Wald und Matten,
Gleich einer Mutter Hand.

Es strömt der milde Regen
Zur Erde ruhevoll,
Ihr Linderung zu geben,
Daß sie nicht dürsten soll.

Mir ist, als ob nun fiele
All Sorg' und Leid von mir,
Mich deine Hand berühre,
Wie einst, da ich bei dir.

*Bewegung ist alles,
Ist Sein und ist Sinn,
Vom Anfang zum Anfang
Ein rhythmischer Fluß.*

*Wollen selbst schon —
Ein Treiben, ein Wogen,*

*Verdichten und Lösen,
Ein Ballen zu Fäusten.*

*Ein Schrei in die Nebel
Wird zum zuckenden Blitz,*

*Zum Willen, der aufreißt,
Der gestaltet und formt,*

*Der aus kreißendem Feuer
Die Schönheit gebiert.*

*Wo Bewegung erstarrt,
Erfriert die Gestalt,
Siecht krank alles Leben.*

*Faulend Holz —
   Lächeln stirbt —
     Atem erlischt —
        Kerze vertropft auf eisernem Fuß.*

*Rhythmen — in sich das Gesetz —
  Nichts ahnend,
    Nichts wissend vom Urgrund —
      Vom Sein —
        Vom Ziel —
          Von sich.*

*Summe der Rhythmen zum Menschen geformt
Schuf das Bewußtsein,
   Nichts wissend vom Urgrund —
     Vom Sein —
       Vom Ziel —
         Von sich.*

*Bewegung ist alles,
Ist Sein und ist Sinn,
Vom Anfang zum Anfang
Ein rhythmischer Fluß.*

Sie leuchten in die Nacht,
Sie trotzen dem Winter.
Sie suchen dann Ruhe,
Wenn junges Grün ihre harte Hand ergreift,
Ihr Leben weiterführt — im Frühling —
Durch den Sommer — zum Herbst — durch den Winter.

Das Unausdrückbare ist schwarz.
Schalte ab —!
Gönne dir Ruhe —!
Du erkennst, wie unsinnig
die Hast, das Getriebe unseres Zeitalters ist.
Schweige —!
Du erkennst, daß zuviel geredet wird.
Geheimnis des Schwarzen,
das Innerlichkeit ausdrückt.
Heiligkeit der Nacht.

Natur führt zum Schweigen —
Zur Stille —,
Zur Stille, die uns zu uns führt, — zu unserem Ich —
Von da eine Brücke schlägt zum Unendlichen —
Zum Ewigen —
Zur Erkenntnis —
Zu Gott, —
Zu Gott, der in uns ist, —
Um uns ist —
Im Unendlichen ist —
In Ewigkeit ist.
Laßt uns schweigen!
Laßt uns öffnen!
Du hilfst uns, — Natur.

Leben ist Eilen im Ungewissen.
Hauch an einem Wintertag.
Wohin galoppieren sie wohl — die Pferde?
Wohin trägt dich der Wind —?
Zum See —? Zu den Bergen —?
Atme und lächle —!
Diese Würde bleibt dir.
Das Licht kommt gewiß.

Der Autor, Rudolf J. Lippert, ist wohl aufgrund von Studium, Neigung
und Lebenserfahrung in der Lage gewesen, dem Inhalt der Bilder
dieses Buches so nachzuspüren, daß er seine Empfindungen
in subtile Wortreihen, Verse und Gedanken-
skizzen verknüpfen konnte.
Selbst Jahrgang 1914, geboren in Prag, einem kulturellen Knotenpunkt,
einer Stadt der Poesie, einem Ort der künstlerischen Begegnung,
durchlebte er alle Schwierigkeiten dieser Generation:
Unsicherheit, Krieg, Gefangenschaft, Neuanfang.
Es ist, als ob diese Folge der Ereignisse seine Empfindungen und seine
Fähigkeit zur Sprachformung'geläutert und reif gemacht hätten.
Zum Meditativen gelangte der vielstudierte und promovierte Rudolf J. Lippert
über Sport, Gymnastik, Atemheilkunde, autogenes Training,
deren Verknüpfung er Gymnoga nennt.
Auch darin beweist sich seine Fähigkeit, Einzelnes in einer Zusammen-
schau zu erfassen. So versteht er es, in diesem Buch von Bild zu Bild
einen immer neuen Bogen zu schlagen und somit
durch die Welt der Besinnung
zu führen.

BILDAUTOREN: Heinz Schwarz (Titelbild, 15), Gerhard Walter (3), Hans Kroher (5), Manfred Loner (7, 43), Alfred Gerbig (9), Albert Stocker (11), Siegfried Layda (13), Kurt Schubert (17, 39, 47, 49, 55, 57, 61, 63, 65, 67), Günter Ziesler (19), Hildegunde Zäunert (21), Eddi Böhnke (23), Bernd Amesreiter (25, 47, 49), Lothar Beck (27), Gerald Kapfer (29), Fernand Domange (31), Heinz-Dieter Meier (33), Burkard Hillert (35), Hans-Joachim Lachmann (37), Holger Bergau (41), W. u. N. Michalak (45), Wolfgang Schneider (51), Florian Adler (53, 59), Hardi Kuhn (69), H. Weiss (71).

© 1985 by Verlag Laterna magica Joachim F. Richter, München.
Alle Rechte, auch die der Verbreitung durch Film, Funk und Fernsehen, der Übersetzung,
foto- und klangmechanischen Wiedergabe und des auszugsweisen
Nachdrucks, vorbehalten.
ISBN 3-87467-268-9
Printed in Italy